ROYALE
PYRAMIDE,

Dreſſee à l'heureuſe memoire de feuë la Sereniſſime Royne MARGVERITE *Ducheſſe de Valois.*

Par Maiſtre MATHIEV MORGVES ſieur de ſainct Germain, Docteur en Theologie, Conſeiller & Predicateur ordinaire du Roy, & de ladite feuë Royne.

Il y a fait autant à Mad. d'Angouleſme, l'an 1611

Fortitudo, & decor indumentum eius, & ridebit in die nouiſſimo. Prouerb. vlt.

La force, & la beauté ſont ſes habits, & elle rira au dernier iour. *Prouerb. vlt.*

A PARIS,

Chez PIERRE CHEVALIER, ruë ſainct Iacques à l'Image ſainct Pierre, prés les Mathurins.

M. DC. XV.

Auec Priuilege du Roy.

ROYALE
PYRAMIDE,

Dreſſee à l'heureuſe memoire de feuë la Sereniſſime Royne MARGVE-RITE *Ducheſſe de Valois.*

Es Autheurs ſacrez & propha-nes ont prins l'arbre pour ſym-bole de la grandeur, & magnifi-cence des Rois: c'eſt l'embleme que l'Eſcriture ſaincte leur donne en Ezechiel, & Daniel : ou parce que les Rois ſont releuez par deſſus les peuples, autant que les grands arbres ſurpaſſent en hauteur les petites bruyeres.

Eſt vt viro vir latius imperet
Arbuſta ſulcis.

Diſoit le Lyrique Romain. Le Prince qui commande eſt comme l'arbriſſeau eſleué au milieu des ſillons de la terre: ou parce que les Rois croiſſent en puiſſance, ſ'eſtabliſſent en authorité, ſ'eſtendent en domaine longues annees, & en vn moment ſont renuerſez, ou par vn rude vent de fortune, ou par la rauine

A ij

de la mort, ainſi que les arbres montent, &
groſſiſſent long-temps, & en peu d'heures
ſont abbatus & renuerſez, *Magna arbores
diu creſcunt, momento extirpantur* (diſoit l'Hi-
ſtoriographe d'Alexandre, parlant de la de-
faicte de Darius.)   Mais la plus belle raiſon
eſt celle que l'Eſcriture ſaincte a remarquée;
Tout ainſi que les arbres ſont les retraictes
des oyſeaux, qui gazoüillent & baſtiſſent diuerſement ſur leurs branches, & couurent
les animaux de la terre qui ſe retirent ſous
leur abry. *Videbam, & ecce arbor in medio ter-
ræ, & altitudo eius nimia & in ramis eius conuer-
ſabantur omnes volucres cœli, & ſubter eam, habi-
tabant animalia, & beſtiæ.* Ainſi les Rois, & les
Princes ont leurs domeſtiques & courtiſans,
qui perchez & appuyez ſur les branches de
ces beaux & magnifiques arbres chantent
diuers rauages, & baſtiſſent diuers nids de
fortunes & auancements : les peuples qui
ſont ſous la protection Royale reſſemblent
aux animaux de la terre, qui ſe retirent à
l'ombre de leur ſouuerain; mais ſur tout ceux
qui reçoiuent quelque ſoulagement & ra-
fraiſchiſſement en ceſt abry.

Diogene ne voulut point qu'Alexandre le
Grand luy fit ombre ; ſ'il entendoit ſeule-
ment de l'ombre que luy rendoit ſon corps,
il eſt tolerable en vn Philoſophe; ſ'il y com-
prend la protection on ne ſe peut excuſer
d'auoir manqué de ciuilité : car on ne doit
iamais ſe plaindre d'eſtre à l'ombre d'vn
Grand, & d'vn bon Prince, veu qu'il n'y a
plus ſaine, ny plus aſſeuree retraicte, & que

c'eſt vne grande perte d'en eſtre priué:ce qui arriue lors que Dieu donne le commandement aux maladies de couper l'arbre , & à la Mort de le renuerſer ; c'eſt pour lors qu'on oyt les lamentables chanſons des oyſeaux deſnichez , les cris & hurlements eſpouuentables des pauures animaux , qui n'ayants plus de couuert ſe voyẽt expoſez aux rayons chaleureux d'vn Soleil ardent & cuiſant. Nous auons veu ces iours paſſez au treſpas de la ſereniſſime Royne Marguerite la cheute d'vn grand arbre , qui eſtoit creu dans le iardin de France ; arbre grand & haut en ſa Majeſté , eſtendu aux rameaux de ſes bienfaicts , droict au tronc de ſes intentions , ferme ſur les racines de ſa pieté ; arbre qui eſtoit la retraicte de pluſieurs beaux & nobles oyſeaux : mais principalement de gens de lettres , deſquels ceſte Princeſſe oyoit volontiers les doctes chanſons , & l'abry des pauures de volonté , & neceſſité , des affligez de corps & d'eſprit , des incommodez de biens & de ſanté , qui à ceſte grande cheute ont ietté les voix lamentables de leurs pitoyables doleances : auſſi la mort des grands Princes & Princeſſes eſt ſemblable aux eclypſes du Soleil , qui apportent quelque alteration à tous les corps ſublunaires : mais ſur tout les plus foibles en ſont dauantage offencez , & endommagez , *Nemo regi ſuo tam vilis eſt , qui non illum perire ſentiat qualiſcunque pars imperÿ eſt* , dit Seneque. Perſonne n'eſt ſi peu de choſe à ſon Roy , qui ne reſſente ſa perte pour petite portion qu'il ſoit de ſon Empire. Les

François ont de tout temps esté tant amou-
reux de leurs Princes, que non seulement ils
tesmoignent leur ressentiment à la mort de
leur Souuerain, & cheute du grand arbre
qui couure de ses rameaux tout le peuple de
ce royaume: mais encore au decés des Princes, & Princesses que Dieu a voulu faire nai-
stre, & croistre dans la pepiniere de la maison de France: principalement si à la qualité
du sang Royal ils ont adjousté les vertus
Royales & Chrestiennes, qui les transpor-
tent du fonds sterile de ce monde pour
les transplanter au bord du torrent, qui
arrouse la maison de Dieu, leur acquie-
rent droict de seance parmy les rangs
des immortels, & donnent place en la memoire des mortels, dans laquelle auec
le burin de leurs vertueuses actions, elles ont
graué leur nom bien plus auant que les anciens le leur, sur les lames de cuiure qui
estoient dans le temple de memoire. La Se-
renissime Royne Marguerite de Valois a tant
obligé le general de la France, & grand nombre de particuliers, que ce seroit vne marque
d'ingratitude bien grande, d'enseuelir auec
son corps la souuenance de ses vertus : mais
la tache seroit bien plus laide en ceux qui
ayans eu le bien de participer à ses bienfaits,
se contenteroiét de donner quelques larmes
au ressentiment de leur perte, taisans les
loüanges qu'ils doiuent aux rares qualitez de
leur bienfactrice. Ceste consideration a faict
pancher mon esprit plustost du costé des Euloges, que du costé des regrets, ayant iugé

que les morts auoiét plus agreables les loüã-
ges qu'on leur doit, que les foufpirs qu'on
leur donne, & qu'ils prennent plaifir de nous
voir guarir pluftoft par raifon, que par le
temps, & puis que nous auons faiét eftat d'o-
beyr à leurs defirs pendant qu'ils nous com-
mandoient en terre, il faut encore tafcher de
prendre de leur volonté la regle, & mefure
de nous attrifter de leur mort. Vne feule raifon fembloit me deftourner du deffein de
dreffer vne Oraifon Funebre à cefte grande
Princeffe. C'eft qu'outre l'affeurance que i'a-
uois, qu'il ne peut rié partir de moy qui agree
aux efprits releuez de ce temps, i'eftois affeu-
ré d'eftre le premier mefcontent de mon ou-
urage, croyant que tout ce que i'efcrirois feroit bas & rempant, le fainét Genie & efprit
tutelaire des geus de lettres f'eftant retiré
dans les Cieux, & que tout ce que ie dirois feroit muet, ne pouuant eftre ouy par l'oreille
delicate de cette Royne. Ainfi i'experimen-
tois en moy ce que fainét Hierofme diét luy
eftre arriué en la mort de Nepotian fon amy:
Vbi eft ille Διώκλις, *ftupet animus, manus tre-
mit, caligant oculi, et lingua balbutit, quicquid
dixero, quia ille non audit, mutum videtur ; ftilus
ipfe quafi diffentiens, & cera fubtriftior vel rubi-
gine, vel fitu obducitur.* Qui ne voudra pardonnera à mon efprit, pardonnera à mon reffenti-
ment, & à mon peu de loyfir. I'ay defiré ba-
ftir vn Sepulchre à cefte grande Royne dans
dix jours, en autant de temps que les Athe-
niens ordonnerét pour reprimer les defpens
exceffifs qui fe faifoient aux baftiments des

tombeaux. *Lege sancitum est, ne quis sepulchrum faceret operiosius, quàm quod decem homines effecerint triduo* : Que personne ne bastit sepulchre qui ne peut estre paracheué dans trois iours par dix hommes, ou par vn homme dans neuf ou dix iours, dans lequel temps parmy l'occupation de mes predications ordinaires, i'ay dressé à la haste vne pyramide à quatre faces, à la façon des Ægyptiens pour marque, & monument perpetuel de quatre vertus que i'ay remarqué, & choisi parmy le grand nombre de celles qui ont embelly l'ame de ceste Princesse, qui abandonnant les tabernacles de Cedar, s'est logee sur les montagnes eternelles. Les Ægyptiens ont premierement dressé des colomnes pour sepulchres à leurs Roys : mais ils iugerent que la figure pyramidale estoit plus propre, pour representer leur grandeur. Le premier qui en fit edifier vne fut Cleopes, qui fit vne grande & excessiue despence, pour dresser vn bastiment si haut & si large, que l'antiquité l'a mis au rang des merueilles du monde. Chephrenes frere de Cleopes en fit dresser vne bien grande, mais beaucoup plus petite que la premiere : Celle d'Asychis a esté estimee la plus prodigieuse, parce qu'estant fort haute, & bastie toute de brique, l'inscription portoit que le Roy y auoit employé tant de gens, que toute la brique auoit esté faicte de l'argile, que les ouuriers auoient tiré d'vn lac, chacun auec la pointe d'vne perche, & en vn seul coup. Ie m'asseure que si tous ceux qui ont ressenty les liberalitez de la sereníssime

Royne

Royne Marguerite se pouuoient assembler
en vn lieu, il s'en trouueroit plus grand nombre pour luy bastir vne pyramide, qu'Asychis
n'en mit iamais en besogne pour dresser la
sienne : mais son corps aura pour sepulchre
le Mausolee Royal de sainct Denis, & ses vertus pour memorial ceste pyramide que ie leur
desdie, l'ayant parsemee non à la guise des
Ægyptiens, de nottes Hieroglyphiques, & lettres Arabesques : mais des reliefs de ses royalles vertus ; principalement de quatre, selon
le nombre des faces, & à la maniere des anciens qui coronnoient les tombeaux, i'ay co-
ronné la pointe, & le sommet du bon-heur
de sa fin tranquille, pieuse, bien-heureuse,
I'estimerois faire tort à mon suject, si pour la
loüange de ceste grande Princesse i'entre-
prenois premierement selon la coustume des
Orateurs, de la loüer de son estoc Royal : on
diroit peut-estre que ie ne trouue pas assez de
vertu en ceste branche Royalle, si ie m'amu-
sois à descrire les loüanges de ses tiges, & à
raconter ce que personne ne peut ignorer,
qu'elle est issuë de tant de Roys de la racine
de sainct Loys, petite fille d'vn grand Roy,
fille d'vn autre grand Roy, sœur de trois Rois
de France, ou parête, ou alliee de plus grands
Princes, & Monarques de la Chrestienté. Ie
ne veux non plus m'arrester aux rares perfe-
ctions de nature, qui sembloit auoir ramassé
en ce suject tous les dons qu'elle a espars en
plusieurs, ie me contenteray de dire, que si le
Roy Pyromis fit grauer sur son tombeau ces
deux mots Grecs, καλὸς, κ' ἀγαθὸς, beau, & bon,

que ceste inscription se pourroit encore auec
plus de raison buriner sur ceste pyramide,
belle, & bonne, ne se rencontrant que bien
rarement ce trio, qu'on a remarqué estre
bien concerté en ceste Princesse, vn beau
corps, vn bel esprit, & vne belle ame. Char-
mides estoit en son bas aage vn beau ieune
homme ; mais Platon disoit que si on eust
veu la beauté de son ame, on eust mesprisé
celle de son corps, lequel n'arreste pas ma
consideration assez occupee à contempler
les belles qualitez desquelles Dieu auoït en-
richy son ame, & qui sont en si grand nombre, que mon esprit se trouue autant, ou plus
perplex & empesché, que ne seroit celuy qui
entrant dans vn beau parterre esmaillé de
toute sorte de rares fleurs, qui debatent toutes le prix de l'odeur, & de la beauté, doute
d'en cueillir quelques vnes, craignant de faire tort à celles qu'il delaissera, & que ce ne
soit vn preiugé pour les faire moins estimer.
Ievois qu'il n'est pas en mõ pouuoir de traiter
toutes les Royalles vertus, qui ont embelly
l'ame de ceste Princesse, & que ce suiect qui
requiert des liures entiers, ne se peut racour-
cir dans les limites d'vne Oraison Funebre,
i'en prendray quatre seulement, que i'ac-
commoderay aux quatre faces de ma Royalle pyramide : A sçauoir, la pieté, la liberalité,
l'humanité, l'amour aux lettres : l'inscription
ou escriteau sera tiré des tiltres que le Sage
donne à la dame vertueuse, au dernier de ses
Prouerbes : *Fortitudo, & decor indumentum
eius, & ridebit in die nouissimo.* Il y a si grande

accointance, & fi eftroite alliance entre les
vertus, qu'à bon droict on les peut comparer
aux anneaux, qui font enlacez les vns dans
les autres, comme les anciens marioient les
fciences en l'Encyclopedie. Tertullien difoit
que la patience eftoit le nom general de toutes les vertus, lefquelles comme petits chaif-
nons aboutiffent à ce gros anneau qui les
tient toutes liees enfemble. Cefte patience
eft la force que le Sage donnoit à la dame
vertueufe, affeurant qu'en cefte vertu eftoit
la beauté de fon ame, & en cefte beauté la
caufe de fon ris au dernier iour ; c'eft à dire,
de fon contentement au dernier paffage de la
vie mortelle, & premier de l'immortelle. Et
en effect, la force eft le nom commun de toutes les vertus, & non d'vne particuliere : puis
que toute action vertueufe eft action de force. Car pour commencer par la pieté & reli-
gion, l'action pieufe n'eft autre chofe qu'vne
action de force que la raifon faict à l'appetit
inferieur, pour l'affujectir à Dieu, & aux œuures qui concernent fon culte & fon feruice.
C'eft vn axiome de fainct Auguftin, au traicté
de *Viduis. Hæc eft vera fortitudo, quæ naturæ
vfum, fexus infirmitatem mentis deuotione tranf-
greditur.* La deuotion qui furpaffe l'vfage de
nature, & l'infirmité du fexe, eft la vraye
force qui faict par la raifon obeyr le corps à
l'efprit, pour les rendre fouples tous deux à
Dieu, & les attacher par les œuures pieufes à
fon obeyffance, & feruice, eftant neceffaire
pour la pratique d'icelles, de faire force à fon
inclination mauuaife, & nature deprauee.

B ij

Ceste verité a esté cogneuë & practiquee par feuë la sereniffime Royne Marguerite de Valois, laquelle a forcé par la deuotion l'vfage de nature, l'infirmité de fon fexe, la delicateffe de fon corps Royal, & fur la fin de fes ans, la foibleffe de fon aage ; pour fe maintenir inuiolablement en fes premiers exercices de pieté Chreftienne, qui eftoient tels qu'ils peuuent feruir de patrõ & modelle aux Roys, Roynes, Princes, & Princeffes, & confondre ceux, qui eftants beaucoup inferieurs en qualité, ayants beaucoup plus de forces, & moins de diuertiffements, defdaignent cefte noble practique. Dauid loüoit Dieu fept fois le iour, cefte Princeffe le loüoit & prioit bien plus fouuent : le matin elle paffoit du lict a l'Oratoire, apres fa priere elle affiftoit au fainct Sacrifice de la Meffe, laquelle eftant paracheuee, tandis qu'on l'habilloit on luy faifoit lecture d'vn liure de deuotion : eftant veftuë elle affiftoit à vne feconde Meffe, outre la haute qu'elle oyoit tous les iours, qui eft vne practique d'ancienne pieté parmy les Roys, & Roynes : elle recitoit exactement vn feruice bien long fans en diminuer rien pour preffente occupation qui luy furuint: A l'iffuë de fa grande Meffe, fa mufique faluöit & loüoit la tres-faincte Trinité, le fainct Sacrement de l'Autel, & la bien-heureufe Vierge, les Oraifons & Suffrages pour la fanté du Roy, & pour le foulagement des fidelles trefpaffez n'eftoient iamais oubliez : la proceffion faicte, on finiffoit par vn *Te Deum,* comme on auoit commencé par le *Veni crea-*

tor : elle n'entroit iamais à table fans auoir
faict prieres à deux genoux ; apres les graces
publiques elle entroit de la table en l'Oratoire, comme de l'Oratoire elle eſtoit venuë à
la table : elle ne manquoit iamais d'ouyr Veſ-
pres tous les iours, ou à ſon logis, ou dehors :
Communioit trois fois la ſepmaine : à ſçauoir, le Dimanche, Mardy, & Vendredy, auquel iour elle ieuſnoit, pour le reſpect qu'elle
portoit à la Paſſion du Sauueur du monde,
& pour action de graces des grands biens,
& ſingulieres faueurs qu'elle diſoit auoir
receu à pareil iour, & qu'on luy a ouy ſou-
uent cotter, eſtant du depuis decedee vn
Vendredy cent ans apres le couronnement
de François premier ſon grand pere, Prince
clement & reſtaurateur des lettres. Sur ce
diſcours de la pieté de ceſte Princeſſe, ie ne
veux point aduancer des veritez, qui
rempliroient d'eſtonnement pluſieurs perſonnes , & à bon droict la difficulté
que i'aurois de trouuer croyance parmy
ceux qui ſont , ou preuenus de mauuaiſes,
& fauſſes apprehenſions, ou qui veulent flat-
ter leur licentieuſe vie par la meſcroyance
des rares exemples de vertu, fait que ie ca-
cheray à la poſterité des actions, deſquelles
ie ſuis tres-aſſeuré, touchant les exercices ſecrets de pieté pratiquez par ceſte grande
Royne, qui deſroboit aux yeux des hommes
la cognoiſſance des choſes qu'elle vouloit
eſtre ſçeuës de Dieu ſeul, & de ceux deſquels
ſa qualité ne luy pouuoit permettre de ſe cacher. Aux rencontres des feſtes plus ſolem-

nelles en l'Eglise, elle redoubloit ſes exercices ordinaires de deuotion, aſſiſtoit aux Predications, & heures Canoniales, viſitoit les
Egliſes, rendoit le deuoir d'obeyſſance à ſa
paroiſſe:principalement és iours de Paſques,
Noël, & Feſte-Dieu aſſiſtoit aux Proceſſiõs
& Meſſes ſolemnelles, donnant vn exemple
de ſoubmiſſion, & obeyſſance Chreſtienne.
Quelques iours deuant ſon decez, eſtant re-
uenuë d'vn grand ſyncope, demanda de ſon
mouuement ſon Curé, pour l'adminiſtra-
tion des Sacremens derniers ; Sacremens
qu'elle receut auec grand reſſentiment & de-
monſtration de pieté, meſpriſant les hon-
neurs, condamnant les delices, deſdaignant
le monde, ne ſouſpirant qu'apres le Paradis,
ne reſpirant que Dieu, n'aſpirant qu'à la
gloire eternelle. Toutes ces actions, & grand
nombre d'autres que ie ne deduiray pas,
pour n'auoir entrepris de les eſtaller, toutes
ſont aſſeurez teſmoignages de ſa pieté, & nobles emblemes, pour grauer ſur la premiere
face de noſtre Royale pyramide. On pourroit rapporter à ce chef ſes pieuſes aumoſnes,
& charitez : mais il vaut mieux les reſeruer
pour la ſeconde face, qui doit repreſenter les
pourtraicts & pourfils de ſa liberalité. C'eſt à
ce point que ie peux dire ce que diſoit ſainct
Hieroſme de la noble & vertueuſe Dame
Romaine Paula ; *Ingens eius laudum ſe mihi
campus aperit.* Icy ſ'ouure vn grand champ
pour courir, & vn grand ſubiect pour diſ-
courir. Si la liberalité de laquelle vſerent les
Dames Romaines lors qu'elles offrirent li-

brement leurs bagues, & ioyaux, pour le foulagement de la Republique du temps de Ca-
millus, & du fiege des Gaulois, leur acquit le
droict d'oraifon funebre par arreft du Senat,
& fi vne feule action remarquable les fit efti-
mer dignes d'vn fi grand honneur ; quel
droict de pompe, & loüange funebre auront
acquis tant de liberalitez vrayement Royales, exercees par feuë la fereniffime Royne
Marguerite enuers toutes fortes de perfonnes, mais principalement enuers les pauures,
& incommodez? Si les largeffes de Conftan-
tin le Grand furent tellement prifees des
Chreftiens, & Payens de fon temps, que les
Payens le mirent apres fa mort aux rangs de
leurs Dieux, & l'Apotheoferent, & les Chreftiens le placerent entre les Saincts, & le ca-
nonizerent : Cefte vertu feule feroit capable
mefme parmy les Barbares, & Payens d'ob-
tenir à cefte Princeffe vne Apotheofe , luy
ayant acquis defia parmy les Chreftiens vn
los eternel, & comme ie veux probablement
croire, impetré en la maifon de Dieu vn fiege
parmy les ordres des bien-heureux immortels.

C'eft fur ce point que nous pouuons dire
auec verité : *Fortitudo & decor indumentum
eius :* Car la liberalité part de force d'efprit,
comme l'auarice vient de defaut de courage, & de pufillanimité. Entre les belles qualitez , & rares vertus que Dieu auoit mis en
l'ame de Salomon, la liberalité eftoit vne
des premieres : *Dedit Deus fapientiam Salomo-
ni, & prudentiam multam nimis , & latitudinem*

cordis. Le docte Abulenfis dit que ceſte lar-
geur de cœur eſt la liberalité, qui part d'vn
cœur large, & fort, tout ainſi que l'auarice
procede d'vn cœur eſtroit, & foible. Mais
ce cœur ample de Salomon ſur la fin de ſes
iours ſe reſſerra; tellement qu'il s'addonna
à l'auarice, ayant perdu auec la ſapience, la
magnificence, qui a accompagné céte Princeſſe iuſques au tombeau : Princeſſe qui
eſtoit l'Autel de refuge des affligez, la ville
d'aſyle des miſerables, la retraicte des pauures, le havre des tourmentez, auſquels
tous les ans, pour quels affaires, & incom-
moditez qui luy ſoient ſuruenuës, elle a
donné la diſme de ſes reuenus, & penſions,
preferant ſemblables charitez à tous ſes autres deſſeins. Les premiers deniers receuz,
& diſtribuez, eſtoient ceux qui eſtoient af-
fectez aux œuures de pieté, & entretien des
Religieux, Religieuſes, Hoſtels-Dieu, &
Pauures enfermez, qui receuoient toutes
les annees des bienfaicts de ceſte Princeſſe,
plus de ſix vingts mille liures, ſans les aumoſnes particulieres qu'elle diuiſoit tous
les iours de ſa main, ſans y comprendre la
nourriture de pluſieurs neceſſiteux, que la
honte retient de demander de porte en porte. Son hoſtel eſtoit ordinairement aſſiegé
des eſcadrons de ſemblables gens, qu'elle
n'a iamais deſdaigné de voir, & ouyr les tri-
ſtes diſcours de leurs infortunes & miſeres,
permettant meſme qu'ils approchaſſent de
ſa table. N'eſt-ce pas vn raré exemple de
vertu, de voir vne Royne vn premier iour
de l'an

de l'an dernier paſſé, à ſon diſner, parmy les
objeƈts de plaiſir, viſites des grands, & au-
bades des violons, muſiques, fleuſtes, &
haubois, commãder qu'on permiſt aux ꝑau-
ures de ſ'aduãcer : Auſquels, apres les auoir
ouys & interrogez dõnoit elle-meſme, nour-
riſſant d'vne main ſon corps, & de l'autre re-
paiſſant ſon ame par le ſoulagemẽt des indi-
gents ; qui au treſpas de leur bien-faƈtrice,
comme ceux qui ſe voyoient chargez des liberalitez de ceſte noble ᴅame Tabitha, tant
recommandee aux Aƈtes des Apoſtres, pour
ſes aumoſnes, ont remply le ciel de regrets,
& moüillé la terre de larmes : ainſi qu'en la
maladie ils auoient chargé les Autels de
vœux, & les Anges de prieres, pour porter
deuant la majeſté du grand Dieu, pour la
ſanté de ceſte Princeſſe. Mais ils ont gagné
ce que Seneque diſoit que les bons Mede-
cins deuoient taſcher de praƈtiquer · *Quibus*
vitam non poſſunt, facilem exitum præſtent : Ne
luy ayant peu impetrer la vie, luy ont rendu
la mort plus facile, & plus heureuſe. Grande Royne, *Eleemoſynæ tuæ aſcenderunt :* Vos
aumoſnes ſont montees deuant Dieu, &
ont fait decouler ſur voſtre ame liberale, la
grace de bien, & paiſiblement mourir. Le
Sage donnoit vn bon aduis, de cacher les aumoſnes dans le ſein du pauure ; parce qu'il
recognoiſſoit que ce ſein auoit vne vertu
chaleureuſe pour les couuer, & viuifier, &
de metamorphoſer les choſes mortes, qui
ſont les richeſſes terriennes, en graces cele-
ſtes ſanƈtifiees, & viuifiantes. Le pauure qui

estoit deuant la porte du richard , autant delicieux , qu'immisericordieux , auoit nom
Lazare, qui signifie homme de secours; parce que le pauure est le secours du riche , cõ-
me le riche est le secours du pauure : mais le
soulagement que le riche reçoit du pauure,
est bien plus grand que celuy que le pauure
perçoit du riche : *Non tam diuites propter pauperes, quàm pauperes propter diuites : quia plus
confert diuiti pauper, quàm pauperi diues*, dit
Innocent troisiesme. Ceste Princesse a reco-
gneu ceste verité, & a entrepris le traffic que
le fils de Dieu conseilloit, achetant le ciel
par la terre, & les biens eternels par les pe-
rissables; donnãt aux disetteux, ce qui estant
conserué, ou autrement employé, est perdu, & estant ainsi perdu, est heureusement
conserué.

Sage, & bien aduisee Royne, qui auez
sceu recognoistre, que mieux valloit laisser
les bastiments de ce monde imparfaicts, ap-
pliquant en œuures pies ce qui les pouuoit
mettre à chef, pour bastir vn Louure eternel, des galleries, & des pauillons sur le
fonds arresté du ciel empyree : bastiment,
auquel ont trauaillé autant d'ouuriers, qu'il
y a de pauures de volonté, & necessité, qui
ont tiré quelque soulagement de vos chari-
tables largesses. Sainct Ambroise donne ce
beau precepte : *Non oportet superfluas ædifica-
tiones aggredi, & prætermittere necessarias*. Les
grands bastiments de la terre sont bien sou-
uent superflus, & ceux du ciel sont tousiours
necessaires ; Il est beaucoup plus expedient

de laiſſer imparfaicts ceux de Paris, & para-
cheuer ceux de Paradis. Que ſi le meſme
Docteur a dit : *Perfecta liberalitas fide, cauſa,
loco, tempore commendatur :* Qui doutera que
celle de laquelle a vſé ceſte vertueuſe Royne
n'aye eſté bien parfaicte ; puiſque ſa ſour-
ce eſtoit la viue foy, ſon motif l'amour de
Dieu, & du prochain ; ſa fin le gain du
Ciel, le lieu ſon Hoſtel, & toutes les de-
meures des Religieux, & des pauures ; le
temps tous les iours, toutes les heures,
tous les moments: mais pour le comble de
perfection, Dieu requiert la ioye, & le contentement à donner, *Hilarem datorem dili-
git Deus,* dit S. Paul: Qui a donné auec plus
de ioye que ceſte Princeſſe, qu'on n'a iamais
veu plus alegre, que lors qu'elle donnoit, ny
plus triſte que lors qu'elle ne pouuoit donner: de ſorte qu'on en peut eſcrire ce que S.
Gregoire a dit des aumoſnes du Roy Iob:
*Non patronum, vel proximum, vel adiutorem
pauperum; ſed patrem fuiſſe teſtatur; quia nimirũ
magno charitatis officio ſtudium miſericordiæ ver-
tit in affectum naturæ.* Iob ne dit pas, i'ay eſté
l'Aduocat, ou l'ayde du pauure: mais le Pere;
par ce que ſon inclination à bien faire luy
eſtoit côme tournee en affection naturelle.
Ce graue Docteur dit en vn autre lieu, que la
main donne touſiours lors que le coffre du
cœur eſt remply de bonne volonté, *Nunquã
eſt vacua manus à munere ſi arca cordis eſt reple-
ta bona volũtate.* D'où i'infere, que ceſte Princeſſe a ſans ceſſe donné doublement ayant
touſiours la main ouuerte pour donner ce

qu'elle auoit, & le cœur rempli de deſir de
donner dauantage qu'elle n'auoit. Mais il ne
faut pas borner les liberalitez des Roys,
Roynes, & grands Princes, dans le pourpris
de la neceſſité de ceux qui ne peuuent ſe
paſſer de leurs bienfaicts, ce ſeroit faire la
condition des grands trop dure. Il leur eſt
encore loiſible de faire du bien à ceux qui
pour ſe mettre mieux à leur ayſe, & plus au
large, ont beſoing de leur ayde, & qui peuuent en les ſeruant, aggrandir leur petite
fortune, & la rendre meilleure. Mais en ce
point il faut ſuiure la regle de ſainct Gregoire: *In liberalitate modus adhibēdus eſt, rerum, &*
perſonarum: rerum, vt non omnia vni, ſed ſingulis
quædā præſtentur, perſonarũ vt pluribus prodeſſe
poſſimus: Il faut garder vne mediocrité, & faire choix des perſonnes, ne donner pas tout
à vn, mais quelque choſe à pluſieurs. Maximes que ceſte grande Princeſſe a touſiours
obſeruées, & que les Roys doiuent garder,
pour taſcher en ce point d'imiter le ſouuerain Monarque du monde, qui fait paroiſtre
ſes threſors en donnant, non tout à vn, mais
à chacun, ſelon ſa volonté, & capacité de
celuy qui reçoit: *Qui dat omnibus abundanter,*
& nemini improperat: Qui dóne à tous abon-
damment, quoy que diuerſement, & ne reproche rien à perſonne. Ce n'eſt pas vne petite ſcience de ſçauoir donner, dit Seneque.
La ſereniſſime Royne Marguerite de Valois defuncte, ſ'eſt renduë tant recommandable, & remarquable en ceſte vertu de liberalité, que l'epithete le plus conuenable

que la posterité puisse luy donner, & le plus
propre tiltre qu'on puisse grauer sur le vase
qui enfermera son cœur, est celuy de Princesse liberale. Et semble que pour ceste rare
qualité particulierement Dieu luy a prote-
sté ce que Boos asseuroit à Ruth, pour autre
subject : *Sciet omnis populus, qui habitat intra
muros vrbis meæ, mulierem te esse virtutis :* Toute la terre habitable, qui est la grande Cité
de Dieu, sçait que vous auez esté vne Dame
de vertu, forte en vostre liberalité, belle en
vostre magnificence Royale, qui sera la
cause principale de vostre rire, c'est à dire de
vostre contentement en vostre dernier iour,
& heure de vostre trespas, & qui apres vostre mort fournira vn grand sujet de loüian-
ge, & rare exemple à ceux qui suruiuront,
& naistront, & des nobles portraicts, pour
grauer sur vostre tombeau, & Royale Pyramide.

La liberalité a pour compaignes la douceur & clemence, dit Valere ; la bonté
est mere de la liberalité, qui part d'vn esprit
doux, debonnaire, facile, plein de compas-
sió, fort, & magnanime : les Roys, & les Princes qui par la puissance sont releuez par des-
sus les peuples, & portés par toute sorte
d'obiects au mespris de tout ce qui leur est
inferieur, lors qu'ils s'abbaissent, & se rendét
traictables, & familiers, doiuent estre esti-
mez forts, & courageux. Vn grand acte de
generosité est de donner liberalement, &
plus grand de receuoir toutes personnes a-
miablement, tres-grand de pardonner li-

brement. L'Orateur Romain difoit que les femmes eftoient plus portees à l'auarice que les hommes, Ariftote les iugeoit plus hautaines, & plus difficiles à appaifer : mais cefte Princeffe a monftré par les vertus cótraires à ces vices; qu'il y auoit des femmes, & des Roynes, lefquelles en liberalité, bonté, & clemence, furpaffoiēt beaucoup d'hómes, & de Roys. Affuerus ne doit eftre eftimé debonnaire pour auoir abaiffé fa baguette Royalle'deuant Hefter qu'il aymoit, paroiffant au refte du peuple formidable: Mais le Prince qui abaiffe deuant les hommes de baffe condition le fceptre de fa grandeur, & auec vn vifage doux, & riant reçoit toute forte de perfonnes, merite de porter le tiltre, & le nom de clement, & humain, qualitez, qui conuiennent à cefte grande Princeffe, qui receuoit toutes conditions d'vn mefme œil, & vifage, cheriffoit les Princes, honnoroit les Ecclefiaftiques, & Religieux, careffoit la Nobleffe, aymoit les gens de lettres, voyoit volontiers les miferables, pardonnoit librement à fes ennemis, & fans attendre la demonftration du repentir a receu tous ceux, qui l'auoient trauerfee en la defroute generale de la France, & tépefte, qui a rudement battu, & par trois diuerfes reprifes affailli fon vaiffeau tellement agité des flots des guerres ciuiles, qu'apres auoir long temps erré és coftes, & plages de Gafcongne, Guyenne, Agennois, & autres Prouinces, elle a efté contrainte de loyer: & pour cederà la violence de la tourmente, fe

retirer a l'abry d'vn rocher en Auuergne, la
prouidence fpeciale de Dieu, & la fage conduite l'ayant guarantie du naufrage. La mer
eftant calme elle a donné plus de faute au
temps qu'aux hommes; fçachant bien, que
lors que les Empires font en leurs annees
climateriques les fieures chaudes font dire,
& faire beaucoup de chofes aux malades,
defquelles ils fe repentent l'accez eftant
paflé, & aufquelles leurs amis ne doiuent
prendre pied, & affeurer iugement:mais tafcher de diffiper par tous moyens les mau-
uaifes humeurs, qui caufent ces intéperies,
& monftrer en cela la charité enuersvn eftat
malade,deteftant neantmoins la maladie. Il
ne faut pas doubter que cefte grande Royne
n'aye beaucoup contribué de fa part à la cō-
ualefcence de cefte Monarchie, ne s'eftant
iamais monftree difficile à tout ce qu'on a
defiré de fon cofté pour le bien public, &
paix de ce Royaume,qu'elle a toufiours ten-
drement aymé, & enfemble la perfonne Sa-
cree de nos Roys qu'elle a fidellement ferui
en ce que fon fexe luy pouuoit permettre,
rapportant fon authorité, experience, con-
feils, & perfuafions pour maintenir la paix,
& deftourner amiablement les defleins de
ceux, qui fembloient s'acheminer à trou-
bler noftre repos. Mais ce ne feroit pas grād
fubiect de loüange d'auoir chery ce que la
nature nous enfeigne d'aymer. La vertu fe
rend bien plus remarquable lors qu'on affe-
ctionne celuy qui a defobligé,ou par parole,
ou par effect: comme la blancheur & beau-

té du Lys paroiſt beaucoup plus parmy la laideur des eſpines qui le bleſſent, auſſi la bonté de ceſte princeſſe eſclate d'auantage en l'affection quelle a teſmoigné à ceux qui l'ont trauerſee, & qu'elle a reçeu auec toute ſorte de demonſtrations d'oubliance ; n'ayant iamais voulu vſer d'aucune eſpece de vengeāce, ni permettre aux ſiens de ſ'en ſeruir, quelle ſorte d'iniure qu'on luy aye dit, ou faict: imitant en ce point la clemence de Dauid , qui ne voulut obeir à la ferueur d'Abiſai, qui demandoit permiſſion d'aualler la teſte à Semei injurieux à ſon Prince: Laiſſez-le viure , diſoit ce Roy debonnaire , Dieu l'a enuoyé; il aura eſgard à mon affliction. Ceſte Princeſſe n'a iamais vſé du zele des ſiens , leur defendant tres - expreſſement de rien entreprendre ſur ceux qui l'auoient indiſcrettement offenſee : & ne ſ'en trouuera vn ſeul qui puiſſe dire auec verité, qu'il en a reçeu quelque deſplaiſir, mais pluſtoſt toute ſorte de courtoiſies, & bons offices, ſelon la loy de Dieu, qui veut qu'on rende le bien pour le mal.

Le ſacrifice d'Elie fut merueilleux, en ce que le feu ſ'alluma à la victime moüillee: & l'affection du Prince eſt plus recommandable, & de plus grand merite deuant Dieu, lors qu'elle ſ'attache à celuy qui apporte des diſpoſitions contraires. Origene dit, que le fils de Dieu maudit le figuier qui ne portoit point de fruict, quoy que ce fuſt hors de la ſaiſon des figues, & en hyuer : pour enſeigner

gner aux hommes, mais fur tout aux Princes, qu'il falloit porter le fruict d'affection
& amour, mefme hors de la faifon du merite. Tous les Chreftiens, mais principalement les Roys, doiuent fçauoir les nobles
maximes que tenoit l'Empereur Theodofe,
qui enfeignoit à pardonner les injures par la
confideration de la fource d'où elles proce-
dent : *Si ex leuitate procefferit, contemnendum
eft : fi ex infania, miferatione digniffimum : fi ab
iniuria, remittendum.* Il ne faut pas guarir les
Princes par la medecine qu'Ariftote ordon-
noit à fon difciple Alexandre, auquel il con-
feilloit, pour mefprifer les iniures, de f'efti-
mer le premier, & le meilleur de tous les
hommes, & vn Dieu en terre. C'eft panfer
la colere par la fuperbe, & faire en mauuais
Medecin, qui pour couper vn accez de fie-
ure ardente, iette dans vne lente, & conti-
nuë. Il vaut mieux que le pardon vienne de
douceur, & humilité Chreftienne, que fi la
patience venoit d'orgueil, & fuperbe : vices
que cefte vertueufe Royne a tellemét igno-
rés, qu'on peut dire librement, qu'eftant en
tout & par tout grande, en la feule opinion
de foy-mefme elle eftoit petite. Mais la
grandeur des Princes Chreftiens eft en cefte petiteffe, leur majefté en leur douceur,
leur pouuoir en leur clemence, leur authorité en leur bonté. Toutes ces vertus qui les
rendét doux, traictables, & de facile abord,
ne doiuent en rien diminuer le refpect qu'on
leur doit : mais l'augmenter, comme nou-

ueaux ſujets qui les rendent plus récommandables , & dignes de l'honneur que la vertu adjouſte à celuy de leur extraction, & puiſſance.

Ie concluds ce diſcours par les euloges que donnoit ſainct Hieroſme à Proba , Dame de race, & vertu tres-illuſtre : *Proba illa, omnium dignitatum , & cuncta nobilitatis in orbe Romano nomen illuſtrius, cuius in vniuerſos effuſa bonitas , etiam apud barbaros venerabilis fuit.* Ceſte inſcription doit eſtre grauee ſur la troiſieſme face de noſtre Pyramide. Marguerite , Princeſſe la plus illuſtre en extraction, & dignité, qui fuſt au monde : Marguerite, qui par ſa bonté, & douceur enuers tous , ſ'eſt renduë recommandable aux François, & eſtrangers; qui entre les rares beautez de ce Royaume, & magnificences de ceſte Cour, ont ſur tout admiré l'affabilité, honneſteté, & courtoiſie de ceſte Princeſſe.

Ie viens à l'embelliſſement de la quatrieſme face, ornee des emblemes de ſon amour enuers les lettres, & protection des hommes ſçauäs, l'affection qu'elle leur a monſtrée, & aſſiſtance qu'elle leur a donnّe. Ie ſçay bien que la perfection de ſcience n'eſt point requiſe en vn Prince, & beaucoup moins en vne Princeſſe, & que ſuffit quelque cognoiſſance pluſtoſt pour gouuerner, que pour diſputer; ils ne doiuent pas eſtre de ceux que Seneque diſoit eſtre curieux d'apprendre pour l'eſcole, non pour la vie: *multi ſcholæ diſ-*

èunt, non vita. Ie fçay bien qu'il n'y a perſonne qui doiue plus ſçauoir & choſes meilleu-
res que les Princes, *Nemo eſt quem oporteat plu-
ra, & meliora ſcire quàm principem,* non tant
de ce qui ſe traicte à l'eſcole, que de ce qui ſe
doit practiquer au gouuernement politique.
Neantmoins c'eſt vne rare vertu en vn Roy,
auquel ſa qualité, & occupation ne permet
de ſ'addonner beaucoup à l'eſtude des lettres, de ſe plaire à ouyr ceux qui en ont acquis quelque cognoiſſance : il ne peut mieux
ny plus profitablement employer quelque
heure de ſon loyſir, c'eſt vn noble diuertiſſe-
ment, qui teſmoigne vn eſprit bien faict, &
vne ame vrayement Royalle, laquelle deſdaignant de ſe repaiſtre touſiours des conſi-
derations terriennes, & diſcours vains, & le-
gers, qui ſont les ordinaires propos que les
ignorants aduancent en la table, cabinet, &
recreations des Princes, qui doiuent teſmoi-
gner qu'ils ont le iugement & l'eſprit autant
releué que l'eſtoc, en rejectant ces entretiens
inutiles, & oyſeux, pour ouyr les graues ſen-
tences des hommes illuſtres, & ſages de l'antiquité, leurs maximes de police, leurs heroï-
ques faicts, leurs vertueux exploicts, leurs
dictons remarquables, les diuers euene-
ments & rencontres, les loix des nations
eſtrangeres, les principes des Philoſophes
moraux, & phyſiques; les reſſorts admira-
bles pour la conduite des eſprits, les beaux
exercices de guerre, & de paix; les ſecrets
des langues, le fil de l'hiſtoire ſacree, &

prophane, font difcours dignes d'vn Roy,
d'vne Royne, d'vn Prince, & d'vne Prin-
cefle. Feüe la Sereniffime Royne Marguerite nous en laiffe vn exemple d'autant plus
rare, qu'il eftoit fingulier. Quelques-vns
iugeront que la fcience eftoit moins feante
à fa qualité, & à fon fexe : mais elle n'a peu
mieux employer le loifir que les troubles de
ce Royaume luy ont donné, lors qu'elle vi-
uoit fequeftree des bruits de la Cour, qu'en
inftruifant fon bel efprit : n'eftant point la
premiere de fon fexe qui f'eft renduë recommandable en fcience, encores qu'elle foit la
premiere de fa qualité.

On demandoit à vn ancien Philofophe,
deuenu miferable, dequoy luy feruoit fa
Philofophie : Il refpondit, qu'elle luy ay-
doit à porter fa mifere. Cefte Princeffe l'a
apprife pour vn foulagement à fes affli-
ctions, & noble diuertiffement de la penfee
des maux, qu'elle a fupporté auec vn fi grand
courage, que l'on peut dire auec verité, que
le plus noble traict, & lineament de la beauté de fon ame, eft celuy que la force & con-
ftance y ont tiré. Elle n'a pas feulement aymé en foy les fciences, mais encores és autres. Ses repas eftoient des banquets des fa-
ges, aufquels elle repaiffoit fon ame des
metz delicieux, que les bons efprits, & des
mieux inftruits de ce Royaume és fciences
diuines, & humaines, & cognoiffance des
langues, auoient preparé pour la bouche
Royale de fon ame, qui eftoit fon aureille

delicate. Elle rapportoit son symbole si à
propos, que ceux qui auoient toute leur vie
traicté les lettres, & manié les liures, re-
stoient grandement estonnez de ses propo-
sitions, objections, & definitions. Mais il
faut aduoüer, que tout ainsi que les Aigles
Royales ont l'aisle plus forte, & l'œil plus
vif que les communes: aussi les esprits des
Princes ont la viuacité, facilité, & subtilité
plus grande, que les ordinaires. Vn ancien
disoit, que c'estoit vn plus grand honneur à
vn Roy de respecter vn Philosophe, qu'à vn
Philosophe de seruir vn Roy : Mais c'estoit
vn Philosophe qui parloit à son aduantage,
& vouloit priser son mestier. Le plus grand
honneur qui puisse arriuer à vn homme let-
tré, est, qu'il soit chery, & volontiers es-
couté d'vn grand Prince, qui par ses loüanges anime son courage, & par ses bienfaicts
soulage son trauail, ainsi qu'a faict à plusieurs ceste grande Princesse; laquelle par
ce moyen s'est acquise vn honneur & los im-
mortel, que les langues & plumes de tant
d'hommes lettrez qu'elle a obligé, luy don-
neront, non seulement en ce Royaume,
mais par tous les coins du monde.

Vn Grec nommé Psaphon, desireux d'ac-
querir le nom, & tiltre de Dieu, s'aduisa
d'vne ruse que l'ābition luy enseigna: Il ap-
prit à plusieurs oyseaux, ausquels la nature
a donné les organes plus propres, & la facilité plus grande, pour contrefaire la parole
des hommes, à chanter, Psaphon est vn

grand Dieu : ſes eſcholiers mis en liberté,
ne pouuoient dire autre leçon par les bois,
& par les campagnes, que celle que le deſ-
ſein ambitieux de leur maiſtre leur auoit ap-
pris ; qui fut la cauſe qu'on luy dreſſa par
tout des Autels. La vanité de cét homme
n'auoit que des oyſeaux ignorans de ce
qu'ils diſoient, pour preſcheurs de ſa feinte,
& affectee diuinité. La Royne Marguerite
de Valois aura pour trompettes de ſes liberalitez tant de nobles, & ſçauans oyſeaux
qu'elle a nourris, & qui feront retentir par
tout le monde les Apotheoſes de la prote-
ctrice des bonnes ſciences, & ſainct Aſyle
des bons eſprits, qui ne ſcachans maintenãt
ſur quel arbre percher, rempliſſent l'air de
leurs lamentables chanſons. Ionas eſtoit à
l'ombre d'vn lierre bien verdoyant, & touf-
fu, qui le couuroit & deffendoit du Soleil,
le voyant ſeché tout à coup par les morſures
d'vn vermiſſeau, qui luy rongea la racine, ſe
plaignoit en ſon cœur, Dieu luy dit, *Putaſne
bene iraſceris tu ſuper hederam quæ vna nocte na-
ta eſt, & ſub vna nocte perijt.* Tu n'as point de
ſubiect de te faſcher pour ce lierre, qui eſtoit
né dans vne nuict, & eſt mort dans vn autre.
C'eſt eſtre trop oublieux de la conditiõ des
hommes de ſe plaindre de la mort : chan-
geons nos plaintes en loüanges, & remer-
cions Dieu de nous auoir donné, & conſer-
ué quelque temps ceſte noble Princeſſe,
pluſtoſt que de le blaſmer de ce qu'il la reti-
ree chargee des merites, que ces rares ver-

tus luy ont acquis emportant les affections,
& les cœurs de tous ceux, qui ont eu le bien
de la feruir: au nom defquels ie luy ay dreffé
cefte Pyramide, pour marque, & memorial
eternel des nobles qualitez & rares perfe-
ctions de fon ame, & pour demonftration
de la fouuenance, que nous auons de fon
bon, & liberal naturel. Mais il eft temps
de couronner le tombeau. Ie fuis trop long:
parce que ie ne peux faire fin, que par fa fin.
*Iam dudum prolixior habetur oratio dum times
vltra progredi,* difoit Sainct Hierofme n'o-
fant parler du trefpas de Paula. Ie fuis de ve-
nir au recit de la mort, côme fi ie la pouuois
differer en la taifant, comme fi i'eftois igno-
rant de la loy de Dieu fur laquelle nous iu-
rons en naiffant, ie fcay que la mort eft
l'efcueil où toutes les grandeurs du monde
font defbris, que dans fes tenebres fe cache
tout ce qui eft efclaté à nos yeux: que fi nous
defirons le contentement de nos amis nous
deuôs eftre ioyeux de leur voir finir le cours
de cefte miferable vie par vn trefpas doux,
& paifible pluftoft que de les voir toufiours
craindre toutes les efpeces de mort, & en
danger de fubir les plus dangereufes, & difficiles. Qui pourra neantmoins voir fans larmes cefte Princeffe mourante? qui pourra
ouyr le recit de fon decés fans foufpirer?
qui la pourra côtempler attendant la mort,
& fe difpofant pour la receuoir fans admi-
rer? & encore que toutes ces affectiôs ayent
faifi mon cœur, pourtant ne peux-ie taire fes

genereuſes reſolutions en ſa maladie, ſes beaux dictons en faueur de la vertu, & condemnation des grandeurs, vanitez, & delices de ce monde, ſon reſſentiment de pieté en la reception des ſaincts Sacremens de l'Euchariſtie, & derniere Onction, le deffi qu'elle a donné à la mort, ſon courage à l'attendre, ſon recours aux prieres de l'Egliſe triomphante, & militante, les ſouſpirs & eſlancemens enuoyez au Ciel pour auant-couriers de ſon ame partie doucement de ſon corps pãché ſur vn Crucifix ; pour mourir comme Moyſe, *ſuper os Iehouah*, ſur la bouche de Dieu, qui a receu ſon eſprit comme vn beau Lys cueilli dãs le iardin de Frãce, & la plus noble Marguerite du parterre de ſon Egliſe: Ainſi Dieu a retiré ceſte belle ame, à laquelle ſur ſon deſpart on a ouy dire des parolles, & veu faire des actions encore plus merueilleuſes, que celles, que nous auons remarqué en ſa vie; ayant en ce paſſage faict comme le Cigne mourant, qui ne chante iamais mieux que lors que d'vn meſme goſier il pouſſe la vie, & la voix tout enſemble, & comme vne belle colombe reuole en l'Arche du Ciel portant en ſon bec le rameau d'oliuier pour marque de ſes vertus ſur tout de ſes miſericordes, receuant de ſa main de Dieu la couronne d'vn plus beau & plus riche alloy que celle qu'elle a porté en terre. Apres ſa mort la beauté de ſon viſage teſmoignoit aſſez la tranquillité de ſon treſpas, & le bon heur de ſon ame laquelle

armee

armee de la force de ses vertus, & reuestuë
de la beauté des graces de Dieu, a faict pa-
roiftre fon contentement à fon defpart, &
qu'on pouuoit dire d'elle auecque vérité ce
que le fage efcrit de la dame vertueufe, *Fortitudo & decor indumentum eius & ridebit in die
nouiſſimo:* Cefte fin bien heureufe eft vn noble chapeau de fleurs, qu'il faut mettre pour
couronnement à fa Pyramide Royale : ne
permettons pas qu'on nous reproche ce que
difoit Minutius, *coronas etiam fepulchris dene-
gatis, pallidi, miferi, mifericordia digni,* quoy
que nous foyons pafles, miferables, dignes
de mifericorde, nous apporterons vne couronne à ce tombeau, ou de cypres pour marque de pieté, ou d'oliuier pour fymbole de
liberalité.

Spargens rore leui, & ramo fœlicis oliuæ.
Ou d'ache pour reprefenter la bonté & facilité, ou de laurier pour exprimer l'amour
aux lettres, ou de Lys & Marguerites
franches à vne Margueritte fille de France, & apres en auoir couuert la terre qui
eft au tour de la Pyramide, & l'auoir ar-
roufee de nos pleurs, nous dirons les derniers à dieux que les Romains donnoient
aux ames des trepaffez, *Aue, Salue, Vale.*
A Dieu Royne pieufe, Princeffe liberale,
Dame debonnaire, Mere des lettres, que
la terre refpecte voftre noble corps, qui
attend le refueil general des mortels pour
fe reioindre à voftre ame glorieufe : tel eft
le commun fouhait des Princes, qui vous

regrettent, des Gentils-hommes qui vous pleurent, des gens de lettres qui ſoupirent apres vous, des pauures qui ne peuuent ſe conſoler, de voſtre famille deſolée & generallement de tous les bons François.

Pour mon particulier, ie prie la majeſté du grand Dieu, que s'il reſtoit à voſtre ame quelque choſe à acquiter, il entende la priere, & tres-humble ſupplication que ie luy faicts, auec les meſmes termes, deſquels ſe ſe ſeruit ſaint Ambroiſe pour prier pour ſon bienfacteur ſignalé l'Empereur Theodoſe: *Da, Domine, requiem animæ famuli tui Theodoſij:* Ie dis, *animæ famulæ tuæ Margaretæ: Illuc conuertatur anima eius, vbi mortis aculeum ſentire non poſſit : Colui illam, & ideò proſequar illam vſque ad regionem viuorum, nec deſeram, donec fletibus, & precibus inducam eam quò ſua merita vocant, in montem Domini, vbi perennis vita, nullus gemitus, nullus dolor:* Seigneur, donnez repos à l'eſprit de voſtre ſeruante Marguerite: que ſon ame ſoit en place où elle ne puiſſe ſentir l'aiguillon de la mort ſeconde: ie l'ay honoree, c'eſt pourquoy ie l'accompagneray iuſques à la region des viuants, & ne la quitteray point, que par mes prieres, & par mes pleurs ie ne luy aye donné entree au lieu où ſes merites l'appellent, en la montagne de Dieu, d'où les douleurs, & les gemiſſemens ſont bannis, & où eſt la vie eternelle, & felicité perdurable. Ambr. lib. il.

9 782329 057064